LES IDÉES

DE

JEAN-FRÁNÇOIS

La librairie Franklin a succédé à M. Emmanuel Vauchez pour la publication des **Petits livres à trois sous.** Profondément dévoué aux idées de progrès, l'éditeur continuera, pour cette série comme pour ses autres publications, à offrir les plus grandes facilités aux amis de l'instruction qui voudraient les répandre.

HENRY BELLAIRE.

Magny. — Imp. O. Petit.

LES IDÉES

DE

JEAN-FRANÇOIS

VI

LE MAL SANS REMÈDE

LA SAINTE ALLIANCE

Par JEAN MACÉ

PARIS

LIBRAIRIE FRANKLIN

71, rue des Saints-Pères, 71

—

1873

Le
Mal sans remède

~~~~~~~

I

Méditez ceci, gens naïfs,
qui vous figuriez savoir ce
que c'est qu'un conservateur!
Si vous me trouvez quelque
chose de plus révolutionnaire,
~~~~~~~

dans le mauvais sens du mot, que ce passage du fameux rapport Batbie, je l'irai dire à Rome, d'où il vient en droite ligne :

« Dans les conversations » cordiales que nous avons » eues avec M. le Président, » nous avons pu lui faire » connaître nos craintes et » nos désirs. La majorité de » votre commission lui a dit » que le parti conservateur » était justement inquiet des » progrès du radicalisme et » que nous marchions à *son*

» *triomphe légal*, MAL SANS
» REMÈDE et bien pire que le
» triomphe passager d'une
» insurrection. »

Vous l'entendez, bonnes gens, ce qui alarme ces hommes d'ordre par excellence, ces gardiens méticuleux de la paix publique, ces champions quand même de la loi, ces conservateurs, pour tout dire, c'est la perspective du triomphe *légal* d'un parti qui n'est pas le leur, et voilà pour eux le mal sans remède !

L'horreur, du triomphe légal ! Est-ce qu'il n'y a pas toute une révélation dans cet aveu dépourvu d'artifice, après lequel on ne peut plus se faire d'illusion sur le genre de triomphe que rêve le parti conservateur ?

Singulier retour des choses et des partis d'ici-bas ! Je me souviens d'un temps où ceux qui se disaient les républicains parlaient volontiers d'enjamber les moyens légaux et de démontrer au peuple français, par des moyens à eux connus, qu'ils en savaient plus long que lui. Je vous laisse à penser s'ils pouvaient se flatter, en bonne conscience, de trouver le chemin de son cœur. Les conservateurs de ce temps-là, qui se posaient en défenseurs de la loi contre la violence, avaient le pays pour eux ; la chose était bien naturelle.

Aujourd'hui, c'est le monde renversé. Voici les républicains qui se réclament de la loi et les conservateurs qui ne veulent plus en entendre parler !

Qu'est-ce que cela signifie?
Tout simplement que le peuple français a présentement ses raisons pour être avec les premiers, et qu'il n'est plus avec les autres. Que ceux-ci s'en inquiètent tant qu'ils voudront, le rapport Batbie a mille fois raison : le mal est sans remède.

Jamais, entre nous, parti désarçonné n'avait livré aussi ingénument le secret de ses rages impuissantes, compromis aussi gratuitement ce qui pouvait lui rester d'autorité, confessé avec une telle candeur le sentiment de son irrémédiable défaite. Et quand on pense que ce manifeste de vaincus n'est rien moins qu'une déclaration de guerre en forme, c'est à se demander si le porte-drapeau choisi par nos conservateurs au rebours, dans cette sortie désespérée, était en pleine possession de son bon sens, quand il l'a rédigé.

Rira de moi qui voudra, j'ai trouvé une explication de cette rédaction insensée, une explication que le porte-drapeau en question désavouera très — certainement ; mais serait-elle bien trouvée, qu'il n'aurait garde d'en convenir, on le comprendra sans peine : ce n'est pas encore le moment.

Que de gorges chaudes n'a-t-on pas faites, un peu partout, avec sa circulaire de 1848 aux électeurs du Gers, dans laquelle il réclamait tant de choses, jusques et y compris « l'organisation du travail, » et qui lui est tombée, sans crier gare, comme une tuile sur la tête? Il me semble, à moi; qu'elle aurait dû donner à réfléchir aux gens, et qu'on s'est trop hâté de rire aux dépens du républicain converti.

Est-on bien sûr de sa conversion?

Les convictions ardentes ne s'en vont pas ainsi, surtout quand elles ont pris pied dans un esprit suffisamment mûri par l'âge et par l'étude. Or, j'en suis bien fâché pour le Batbie de 1872, mais celui de 1848 n'était plus un enfant, et il ne s'est déclaré assurément qu'à bon escient. Qu'un novice, un illettré, lâche à l'étourdie ce grand mot d'organisation du travail, sans savoir au juste ce qu'il y a dessous, cela se conçoit. Un futur professeur de droit, un homme qui va faire des livres d'économie politique, c'est autre chose. S'il est vrai, comme on le prétend, que celui-ci ait parlé de liquidation sociale dans les clubs d'autrefois, je ne me sentirais pas, moi, conservateur, parfaitement rassuré sur son compte. Un liquidateur social est bien capable de cacher son jeu.

« *Avec la République, la paix ;*

« *Avec les Monarchies, la guerre civile :*

« *Choisissez.* »
disait la circulaire aux électeurs du Gers.

Notre homme aura dû choisir, une bonne fois pour toutes, c'est au moins probable, et il me paraît invraisemblable qu'il ait choisi les monarchies. Qui sait si, pour comble de désarroi, nos infortunés conservateurs monarchistes n'auront pas choisi un faux frère, venu dans leurs rangs pour mieux leur donner le coup de grâce au moment décisif? Je ne m'y serais pas fié, à leur place. La caque sent toujours le hareng.

Que direz-vous, par exemple, de cette phrase, écrasante pour eux, que le grand républicain d'il y a vingt-quatre ans est venu à bout de leur faire applaudir, en vrais innocents.

« Comment rentrerait-elle
» dans les limites de l'impar-
» tialité politique, cette faction
» dont l'audacieuse formule
» met hors la loi quiconque
» est un obstacle à sa
» marche ? »

C'est leur ennemi, le radicalisme, que l'apostrophe est

censée viser ; mais il n'est que trop facile de voir qu'elle les atteint, eux, en pleine poitrine, venant à la suite de ce qui sera « un mal sans remède. » N'est-ce pas leur faction, à eux, aux termes mêmes du rapport, qui met hors la loi ses adversaires, puisqu'elle affiche la prétention de leur interdire le « triomphe légal ? » Et comment supposer que ceux-là puissent songer à sortir de la loi au moment même où ils vont triompher par elle, on en convient ? Conservateurs de l'Assemblée, vieux routiers parlementaires, fine fleur de l'intelligence nationale, si c'était là un piége qu'on vous tendait, il était bien grossier! Par quelle étrange absence d'esprit avez-vous pu vous y laisser prendre et applaudir de toutes vos mains votre sévère, mais trop juste condamnation?

Plus j'y pense, en vérité, plus j'arrive à croire que les malheureux ont été dupés en cette affaire et qu'on a jugé trop vite, de notre côté, l'ex-citoyen Batbie. Quelque chose me dit que l'avenir le vengera. Il était, il doit être encore de ces « républicains éprouvés » que recommande sa vaillante circulaire, dont l'avenir est garanti par le passé.

Mais qu'importe après tout qu'il y ait, ou non, dans sa personne un républicain de plus en France ? Nous en avons assez sans lui, Dieu merci ! et il s'en fait de nouveaux tous les jours, des républicains par raison, si l'inclination n'y était pas. Ce ne sont pas ceux-là, par parenthèse, les moins gênants pour nos conservateurs, qui les ont eus si longtemps derrière eux. Avec la meilleure volonté du monde, ils ne peuvent pourtant pas les traiter de cerveaux brûlés, de factieux, « adversaires de tous les partis respectables, » comme à bien voulu le dire le rapport Batbie, parlant de vous et de moi, s'il vous plaît, qui demandons a conserver la République, en qualité de vrais conservateurs du jour. Il faudra bien que les autres en prennent leur parti. Avec ou sans malice, l'ami Batbie leur a mis dans la main le mot de la situation.

Le mal est bien sans remède : nous sommes trop contre eux.

II

Vous connaissez la faction qui «-« met hors la loi qui- » conque est un obstacle à » sa marche ! »

De la croisade des Albigeois à l'expédition romaine, en passant par la Saint-Barthé- lemy, les dragonnades, la

Vendée et les verdets de 1815, elle a fait assez parler d'elle dans ce pays qu'elle finira par mettre à la queue de l'Europe, si l'on ne parvient pas à l'arracher de ses mains. Sa formule, à celle-là, est bien la plus audacieuse qui se puisse concevoir, car elle s'attaque à toutes les lois du même coup, divines et humaines.

Hors de l'Église point de salut !

En ce monde, comme en l'autre, bien entendu. Cela

n'est pas dit ; mais cela se fait, quand on le peut.

. Or, il faudrait le pouvoir en ce moment, et vite, car le temps presse.

Encore quelques élections — il en viendra, de manière ou d'autre, il en vient tous les jours ; — encore quelques élections, et c'en est fait de cette majorité dont le patronage a remplacé, tant bien que mal, pour la faction, celui de l'empire ; et le bras séculier, ce qui lui en reste, hélas ! achève de lui échapper ;

et la voilà retombée dans le droit commun, sa bête noire, condamnée à obéir à nos lois, qui ne sont pas faites pour elle !

Vous figurez-vous les instituteurs congréganistes soumis, comme les autres, à la dure servitude des examens ; les prédicateurs passant, comme de simples mortels, en police correctionnelle, pour discours politiques tenus en public sans l'autorisation préalable qui nous est imposée à tous ; nos

Grandeurs épiscopales mandées devant un méchant petit juge d'instruction, pour infraction aux lois de leur pays?

Peut-on, de bon compte, accepter une seule minute la perspective de pareilles abominations? Périsse plutôt la France, qui a tout l'air de les voir venir sans s'effrayer autrement! Elle n'aura, en somme, que ce qu'elle mérite. Hors de l'Église point de salut!

Il ne faut pas s'abuser, c'est

là ce radicalisme si terrible, dont on doit conjurer le triomphe à tout prix, le triomphe légal, n'oublions pas l'adjectif, ni ce qu'il y a dessous, une chose de rien, la volonté du pays.

Voyons, car il faut pourtant sortir des épouvantails à niais, et crever du pied les mots gonflés de vent. J'en appelle à tout homme de bonne foi. A qui fera-t-on croire que la société puisse être mise en péril par un radicalisme à l'assaut duquel on voudrait monter en passant sur le corps de M. Thiers, uu radicalisme dont la France s'accommoderai volontiers, puisqu'elle n'attend que l'occasion, on nous le dit, pour lui donner raison. C'est bien peu connaître, en vérité, le tempérament politique de nos campagnes qui feront indubitablement ces élections-ci, comme elles ont fait les autres ! Soyez sans crainte, les radicaux qu'elles nous enverront ne mettront pas le pays en feu. Ce n'est pas, en tout cas, en le promettant aux électeurs qu'on se fera nommer. On serait loin de compte avec eux.

S'il y avait un danger à courir, ce serait bien plutôt par le triomphe des champions de l'Église qui leur demandera toujours l'impossible, et les lancera, bon gré mal gré, dans les aventures, quitte à leur reprocher, si nous y périssons, de n'avoir pas fait assez pour elle. Elle l'a bien reproché à l'Empire?

Un danger à courir! Com-

parez, pour en juger, l'atti-
tude à l'heure qu'il est, dans
l'Assemblée nationale, de la
Droite cléricale et de la
Gauche, qui ne l'est pas. De
quel côté est le souci du salut
de la France, le respect des
grands intérêts que les agita-
tions parlementaires mettent
si misérablement en souf-
france, le calme de la force
et la véritable modération,
celle qui sait se taire devant
les furieux ?

Vous auriez peur du radicalisme ! du quel ?

Attendez un peu. Laissez venir son écrasement illégal; vous apprendrez bientôt combien nous sommes ici de radicaux sans le savoir. C'est du radicalisme, ce que j'écris là, et du plus pur, et vous tous qui le lisez sans y trouver à redire, persuadez-vous bien qu'aux yeux de l'Église et de son parti conservateur, vous êtes d'affreux radicaux, passibles, comme tels, des enfers d'ici-bas, en attendant mieux. Et après vous il y en aura bien d'autres qui s'en doutent encore moins. Rien ne dit qu'un beau jour on ne verra pas les laïques de l'*Univers* donner du radical à Mgr Dupanloup en personne qui s'en tirera comme il pourra, en faisant une fois de plus le plongeon devant eux. Ce ne sera pas beaucoup plus drôle que de voir Batbie, le clubiste, lancer comme mauvais conservateur, sentant son radical, un homme qui s'appelle Casimir Périer.

C'est pour cela que le mal est sans remède. Qui pourra

protéger la faction contre tant d'intérêts qu'elle menace, tant de consciences qu'elle révolte, jusque dans le camp qui semblerait devoir être le sien?

Qui ? Le mot a été lâché :

Un gouvernement de combat.

Mon cher commandant,

Je vous prie de me faire connaître quel est l'esprit des municipalités dans les localités dangereuses situées dans l'étendue de votre département.

Le général en chef désire avoir les noms, titres et qualités des individus signalés comme dangereux eux-mêmes par leur tendance et leur influence (1).

Vous voyez d'ici de quoi il retournerait pour ceux qui ont des « tendances, » avec ce gouvernement de combat qui prenait ainsi ses précautions, pour ne pas perdre de temps une fois installé.

(1) Circulaire adressée aux commandants de gendarmerie par le colonel chef de la 19ᵉ légion, sur l'ordre du général Ducrot.

A quoi bon, en effet, la liste des individus dangereux, si ce n'est pas pour les mettre hors d'état de nuire. Les commisions mixtes du 2 décembre ont assez montré la manière de s'y prendre; nous la connaissons tous, et ce n'est pas plus rassurant qu'il ne faut, savez-vous bien, pour une notable partie de la population française, pour celle qui « a des tendances, » autant dire qui s'intéresse aux choses de la patrie. Où est la preuve, pour chacun de

nous, que nos tendances per-
sonnelles seront du goût du
général en chef? Nous voilà
donc exposés, sans avoir rien
fait que de ne pas être de
son avis, à nous voir, d'un
moment à l'autre, jetés en
pâture au lion militaire, pour
parler la langue des clubs !
A vous dire net ma pensée,
je ne vois pas trop quel indi-
vidu pourrait être plus dangereux que celui-là, avec des
tendances aussi inquiétantes
et une influence aussi mar-
quée sur les commandants de

gendarmerie. Venez donc après cela nous parler de radicalisme! Si ce n'est pas là sortir des « limites de l'impartialité politique, » je voudrais bien savoir quel chemin les autres auront à prendre pour y rentrer.

Mais pourquoi tant m'échauffer? J'oublie ce qui manque au gouvernement de combat pour être un remède. Il lui manque tout simplement d'être possible. Que la faction batte le rappel de ses généraux pour les lancer sur leurs concitoyens ! La première condition à remplir pour un général qui aspire à devenir dangereux, c'est d'avoir été victorieux. Or, la faction n'en a aucun, de ceux-là, et ses plus modestes ne le sont pas encore assez.

Oui, le mal est bien sans remède ! Les entrepreneurs de pèlerinages à prix réduits, les marchands d'eau miraculeuse en bouteille auront beau se cramponner à des choses et à des hommes qui ne sont plus, ils en seront, cette fois, pour leurs rêves de proscriptions. Le pays qui les portait se dérobe sous eux; ce n'est pas en s'accrochant au vide qu'ils arrêteront leur chute. Il n'y a pas de manœuvres ni de complots qui tiennent, il faut aller où nous marchons, au triomphe de la volonté du pays qui veut travailler et vivre, travailler pour payer le prix de sa défaite si follement cherchée, vivre pour remonter au rang qu'il a perdu, Par la faute de qui? Il ne le sent que trop maintenant.

Comme il y a là de quoi être justement inquiet! Quel malheur pour le parti qui se dit conservateur, d'assister, sans y pouvoir rien faire, au relèvement tranquille et régulier de son pays, de ne pouvoir parvenir à troubler assez l'eau pour y pêcher des porte-feuilles, et de se reconnaître impuissant devant le grand patriote qui nous a fait tout oublier, en oubliant tout lui-même, pour ne penser qu'au salut de la patrie, même hors de l'Église, s'il le faut !

Et il le faut, hélas !

C'est un mal sans remède !

J'en vois un pourtant pour qui le mal ne sera peut-être pas sans remède. C'est cet autre grand patriote que je soupçonne fort de n'avoir endossé la livrée monarchique et cléricale que pour travailler plus utilement au triomphe de :

La République française, avec son immortelle devise: Liberté, Égalité, Fraternité.

C'est toujours la circulaire aux électeurs du Gers qui parle.

Il est en butte, en ce moment, comme il l'écrivait à un ami du pays natal, à toutes les menaces de la « barbarie révolutionnaire, » traîné dans la boue par des « misérables qui ne craignent « même pas de faire appel à « la force brutale, leur grand « argument, » ni plus ni moins que s'ils étaient généraux en chefs. Cela n'aura qu'un temps, j'en ai le ferme espoir. L'heure du triomphe de l'immortelle devise approche. Nul doute qu'on ne voie son soldat jeter le masque, quand le moment sera venu, et demander la récompense des services rendus dans l'ombre, d'autant plus méritoires qu'ils auront été méconnus.

Il se trouvera bien alors des compatriotes, d'anciens compagnons d'armes du comité de 1848, pour rendre témoignage en sa faveur, et l'on pourra lire, il faut s'y attendre, sur tous les murs de son département :

Frères, nommons Batbie !

Si j'ai bien deviné, on nommera Batbie. Il ne l'aura pas volé.

La
Sainte Alliance

~~~~~

Nous l'avons eu, le gouvernement de combat invoqué par les conservateurs selon Batbie. Il est né dans le sang sur les boulevards de
~~~~~

Paris, mort dans la boue à Sedan. Bons et mauvais ont encore présent le souvenir de ses faits et gestes : s'il n'a pas sauvé la société; ce ne sont pas ses scrupules qui l'en ont empêché.

La faction ultramontaine a dormi tout près de dix-neuf ans sur cet oreiller-là, un oreiller bourré d'épines, je le sais ; mais fautes de grives, on prend des merles, dit le proverbe. Si l'empereur n'allait pas à confesse, n'y allait pas pour de bon, à tout le moins, l'impératrice y allait, et c'était partout un moyen d'avancement d'y aller, considération grave pour qui veut avoir la main dans tous les coins et recoins de l'administration.

C'est grand dommage, convenez-en, qu'on ait perdu un gouvernement qui certes avait du bon, et puisqu'il est question d'en faire un qui le remplace, pourquoi ne pas reprendre purement et simplement celui qui a fait ses preuves ?

On est en train d'en venir là, les hommes de Dieu tendant la main aux hommes de Décembre pour les aider à remonter sur leur bête.

C'est la Sainte Alliance en préparation, qu'il est bon de signaler dès à présent, pour que l'on se mette en mesure de lui faire face quand elle s'affichera au grand jour.

Ne soyons pas dupes de la comédie qui s'est jouée à l'*Univers*, l'organe sérieux de la faction, devenu tout à coup le champion à tout rompre de M. Chambord dont il ne s'était jamais plus inquiété qu'il ne fallait. M. de Chambord n'est qu'un paravent derrière lequel on attend sans se découvrir la restauration des Bonapartes, bien préférables aux Bourbons de l'une et de l'autre branche, pour plus d'une raison.

Le seul trône légitime pour le parti, — il ne s'en est jamais caché, — c'est celui qui porte l'autel, son autel à lui naturellement, et comme cet autel-là devient lourd à porter par le temps qui court, un fardeaux si précieux ne peut pas se confier indifféremment à tous les trônes qui se présentent. Or, on a le nez trop fin pour ne pas se rendre parfaitement compte du peu de garantie qu'offrirait, comme solidité, le trône escamoté sur lequel on parviendrait, par un tour de passe-passe quelconque, à asseoir le monarque *in partibus infidelium* (1) que la France tient impitoyablement en quarantaine depuis 1830. Comptez les années sur vos doigts.

On aura dû s'étonner, dans ces derniers temps, de voir la pieuse feuille qui acclamait si gaillardement, il y a vingt et un ans, les triomphateurs du 2 décembre, en remontrer aux vieux légitimistes, de

(1) *Dont le royaume est aux mains des infidèles.* C'est le titre que l'Église donne aux évêques pour rire qu'elle investit d'évêchés qui n'existent plus, en plein pays musulman.

père en fils, sur le chapitre
des principes monarchiques,
et rejeter bien loin, avec une
indignation réellement comi-
que, toute idée de concession
à l'endroit du drapeau trico-
lore, l'emblème maudit de la
révolution. On pouvait bien
le croire, entre nous, purifié
par les flots d'eau bénite
dont il a été arrosé en toute
occasion sous l'Empire !

Amis nouveaux, plus
chauds que les anciens, amis
suspects !

A la façon dont ceux-ci

servent la cause du royal exilé, on devine sans peine qu'ils ne sont pas autrement pressés de le voir rentrer. Tant de rigorisme ne s'expliquerait pas sans cela chez des gens qui ont l'habitude d'en prendre à leur aise avec les doctrines politiques. Il est clair qu'ils ont mieux que cela sous la main, quelque chose de plus solide, sur quoi l'on se trouvera plus en sûreté, on le croit du moins.

— Enveloppez-vous, sire, dans votre drapeau immaculé, et restez là où vous êtes. Vous n'y gênerez pas notre homme. Il a perdu, c'est vrai, beaucoup de son prestige ; mais, avec ce qu'il en conserve dans les lieux où l'on ne sait pas, bien appuyé, il peut encore servir, et, ne vivant que par nous, il n'en vaudra que mieux. Nous serons à l'abri de ses coups de tête d'ancien carbonaro et de ses fantaisies de libre penseur en petit comité. Il n'y aura pas de danger, cette fois, qu'on s'en aille en guerre sans notre aveu, comme en 1859, et qu'on ne mette pas en prison les énergumènes qui s'associeront pour inviter le peuple à lire.

—Vous, mon prince, nous vous connaissons, vous et les vôtres. Si vous reveniez ici, vous auriez la prétention dêtre chez vous. Celui-là sera chez nous.

J'en aurais long à dire là-dessus si je voulais tout dire. Qu'on me permette une dernière observation.

Qui se souvient du peu d'importance qu'avaient ces gens-là du temps de Louis-Philippe et de ses électeurs à 200 francs, race indocile, malaisée à endoctriner au prône? C'était le bon temps alors pour la religion dont ils sont maintenant le rempart : nul ne songeait à bombarder une place désarmée. Ils ne le pardonneront jamais à la famille d'Orléans, ni à ses bourgeois, et ils l'ont bien fait voir quand on a voulu parler de fusion.

Le suffrage universel les a grandis de cent coudées, vous me dispenserez de dire pourquoi. Ils sont devenus, du jour au lendemain, une puissance de premier ordre dans le pays, une puissance électorale à vendre, qui a trouvé preneur sur le champ, et qu'il s'agit de placer à nouveau, depuis que la marmite bonapartiste est renversée. Or, pour que la marchandise trouve le prix qu'elle vaut, il faut qu'elle soit d'usage pour l'acheteur et qu'il en ait pour son argent.

Quel marché pourrait-on, je vous prie, proposer au roi légitime pour une campagne électorale en son honneur, où le clergé en serait indubitablement pour ses frais, sauf peut-être dans quelques coins perdus de la Bretagne et du Midi ? Il peut faire affaire avec l'autre, parce que, travaillant pour lui, il n'effarouchera pas le paysan. Le premier Napoléon disait bien : *Mon cousin Louis XVI,* comme celui-ci a dit : *Mon cousin Guillaume*; mais le paysan sait bien, lui, que les Bonapartes ne sont pas les cousins des rois. Ils auront beau dire et faire, il ne verra jamais l'ancien régime derrière eux. Partant, on peut traiter pour son vote, parce qu'il est possible d'en effectuer la livraison, en s'y prenant bien. A lui de voir, par exemple, si cela lui va de fournir l'objet demandé.

Comprenez-vous maintenant le pourquoi de la Sainte

Alliance entre le cléricalisme et le bonapartisme, et comment M. de Chambord n'a pu être qu'un paravent? Viennent les élections qui décideront bientôt de notre sort à tous, vous verrez les alliés à l'œuvre, soyez-en certains. Ils ont, du reste, commencé déjà.

Tenez-vous prêts, et ayez bon courage. Ils ne feront pas retourner la France à son vomissement, pour dire la chose comme elle est dite dans l'Évangile.

GRAND SUCCÈS

—

EN VENTE
A la Librairie Franklin

ALMANACH POUR TOUS

(auquel M. de Goulard a refusé l'estampille
du colportage)

par

Jean Macé, F. Passy, Sauvestre,
Vacca, E. Lefèvre, M*** Hipp. Meunier, Eug. Nus,
F. Coppée, etc., etc.

—

50 CENTIMES

—

Envoi franco contre le prix en timbres-poste

SOCIÉTÉ DES AMIS DE LA PAIX

SECRÉTARIAT: 74, RUE DES SAINTS-PÈRES

« Travail. — Justice. — Arbitrage. »

Extraits des Statuts

ART. 1. — La *Société des Amis de la Paix* a pour objet la propagande et la défense des grands principes d'indépendance des nations, de justice et de respect mutuel, proclamés dans la déclaration collective du 27 mai 1867, principes dont la consécration pratique se trouve dans la substitution de l'Arbitrage aux solutions violentes de la guerre, et dans la promulgation d'un CODE des nations, qui amènerait la proclamation des Droits des Peuples.

ART. II. — La *Société* se compose :
1° De *Membres fondateurs* ;
2° De *Sociétaires* ;
3° D'*Adhérents*.

ART. III. — Les *Membres fondateurs* sont pris parmi ceux qui ont déjà opéré ou qui opéreront un versement de *cent francs* au moins, au profit de la *Société*. Ils se recrutent eux-mêmes.

ART. VI. — Pour devenir *Sociétaire*, il faut être admis comme tel par le Conseil d'Administration. Le chiffre de la cotisation annuelle est fixé à *dix francs* au moins, qui devront être versés dans le cours de janvier de chaque année entre les mains du Trésorier de la Société.

Le chiffre de cette cotisation sera réduit de moitié pour les Instituteurs et les Ministres des Cultes.

ART. VII. — Pour être *Adhérent*, il suffit de verser une cotisation annuelle de *un franc* au moins.

S'adresser à M. Henry Bellaire, secrétaire
74, rue des Saints-Pères, 74

LES IDÉES

DE

JEAN-FRANÇOIS

Contraste insuffisant

NF Z 43-120-14